SUR LA QUESTION

DE

L'ORGANISATION DU TRAVAIL

Cette question ne saurait être résolue que par la formation d'une nouvelle classe de société basée sur l'association des ouvriers des différents corps d'état qui, en travaillant dans des ateliers nationaux, avec un capital fourni par une taxe extraordinaire sur la classe aisée (rentiers au delà de 10,000 francs), parviendront à gérer leurs affaires eux-mêmes.

Cette classe, par sa nature, soutiendra le gouvernement qui lui assurera l'ordre et la paix ainsi que la liberté d'action industrielle, et sera un contre-poids contre l'aristocratie d'argent, qui fait la guerre aux petites fortunes, et contre l'égoïsme de la bourgeoisie, qui exploitait le pouvoir à son profit : elle contiendra les exigences du peuple des rues, qui voudrait ne pas travailler.

SUR LA QUESTION

DE

L'ORGANISATION DU TRAVAIL

PAR

Victor W....f WINFORT

PARIS

IMPRIMERIE CLAYE ET TAILLEFER
RUE SAINT-BENOÎT, 7

—

1848

SUR LA QUESTION

DE

L'ORGANISATION DU TRAVAIL

Paris, 7 mars 1848.

La question de l'organisation du travail est une question d'argent : les ouvriers demandent *augmentation des salaires* et *réduction des heures de présence dans les ateliers*. Comme il est impossible de penser à satisfaire ces prétentions aux dépens du petit commerce et des industries secondaires, on cherchera probablement quelque moyen moins désastreux. Quant à moi, je propose celui-ci :

Établir un capital national, non dans le but de venir par l'escompte au secours des petits commerçants, ou des banquiers dont les spéculations trop étendues ont ébranlé le crédit, déprécié la signature, mais afin d'ouvrir, dans chaque département, des ateliers nationaux montés sur une aussi grande échelle que possible et pour chaque branche d'industrie. Les différents corps d'états qui en prendraient la gestion déposeraient en nantissement les produits dont la vente ou le placement excéderait les besoins des producteurs admis à participer à l'exploitation en commun.

Le capital nécessaire à la réalisation de ce projet me semble devoir être formé plutôt par voie de contribution que par voie d'emprunt; car il procurerait des avantages immenses en rendant à la nation sa tranquillité intérieure, en détruisant toute cause ou tout prétexte de guerre civile. Voici par quels moyens on y parviendrait :

Le gouvernement provisoire décréterait :

1° Que toutes les propriétés, tous les revenus du domaine privé et de l'ancienne liste civile sont confisqués au profit des classes ouvrières, classes sur lesquelles repose en définitive l'édifice social qu'il s'agit de reconstruire.

2° Une taxe égale au dixième du revenu sur les personnes qui jouissent de 10,000 francs de rente annuelle, et dont la proportion croîtrait avec les fortunes. Les propriétaires et rentiers placés dans cette catégorie verseraient au trésor, soit *en espèces*, soit *en un billet à échéance*, le montant de leur quote part dans la contribution.

3° Que pendant un laps de temps que fixera l'Assemblée nationale, les économies faites sur le budget général de la France seront affectées à l'augmentation du capital constitué au profit des ouvriers.

4° L'abolition de toutes les compagnies d'assurances, soit sur les propriétés mobilières ou immobilières, soit sur la vie des hommes.

Personne, en effet, n'a le droit de se créer des profits exclusifs. En cas de sinistres, tels qu'incendie d'une ville entière, maladies contagieuses ou pestilentielles, la nation, toujours debout, n'offre-t-elle pas plus de garanties que ces dispendieuses administrations sur lesquelles plane constamment la menace d'une banqueroute imminente?

5° Que la moitié de l'armée sera immédiatement employée au défrichement des landes et autres terres incultes du territoire français, jusqu'au moment où la production y sera au niveau du reste de la France, c'est-à-dire suffisante pour faire vivre les ouvriers ou laboureurs à qui la République en confiera l'exploitation.

De cette manière, les ouvriers auront un capital à eux, deviendront indépendants des chefs d'établissement, et régiront leurs affaires selon leurs lumières et leurs intérêts. Ils formeront, dans l'Etat, un corps nouveau, actif, bien organisé, libre dans ses allures, et la coopération de l'armée leur aura procuré du pain à bon marché.

Alors toutes les villes frontières, les ports de mer, deviendraient autant d'entrepôts d'où les produits manufacturés s'écouleraient rapidement à l'étranger. Les bâtiments de l'Etat répandraient sur tout le globe ceux qui seraient demandés par les pays lointains, et au retour ils rapporteraient les articles que notre pays demande aux autres nations, tant pour la consommation intérieure que pour les besoins de nos manufactures. Il faut ajouter qu'au moment où ces produits manufacturés entreraient à l'entrepôt, les producteurs recevraient les deux tiers de la valeur réelle en un bon sur l'Etat, bon que la

Banque nationale pourrait escompter sur le pied de 2 1/2 p. 0/0.

L'établissement des magasins nationaux rendrait un service immense aux *chefs d'industrie patriotes* qui emploient 100, 200, 300 ouvriers et sont non-seulement encombrés de marchandises, mais encore obligés de garder en portefeuille des valeurs que la confiance ébranlée empêche de recevoir à l'escompte. Des commerçants qui, avant la dernière révolution, roulaient sur un crédit de 100,000 francs trouveraient difficilement aujourd'hui à s'en procurer un cent fois plus faible : comment paieront-ils leurs ouvriers ? Leur ouvrir les mêmes moyens de débouché que ceux que je viens de proposer pour les ateliers nationaux, c'est l'unique moyen de redonner au commerce une impulsion nouvelle.

En effet, cela est évident, le capitaliste qui refuserait d'escompter un morceau de papier revêtu d'une seule signature, s'empressera d'ouvrir sa caisse lorsqu'on lui présentera un bon représentant les deux tiers d'une valeur réelle, d'une valeur existante en magasin, dont la vente doit s'effectuer dans un temps assez prochain.

Par ce moyen le gouvernement provisoire sauverait le grand et haut commerce, ce qu'on appelle le vrai commerce, des dangers qui le menacent si, faute d'argent, cette masse d'ouvriers restés jusqu'alors spectateurs silencieux des événements se voyait privée de ses moyens d'existence. Qu'il pense à les préserver des atteintes de la misère ! ! ! Il faut aviser, et non faire des phrases; agir, et non spéculer. En général les travailleurs n'ont pas la plus simple notion de l'économie politique; à leur sens, le manque d'ouvrage, l'abaissement du prix de la main-d'œuvre, doivent être imputés aux gouvernants ou aux chefs d'établissements : ne sachant à qui s'en prendre, les moins sages ont une propension à se venger sur tout ce qui peut leur tomber sous la main.

Dieu a donné à l'axe de la terre une inclinaison de 23 degrés, afin que la terre, dans son mouvement de rotation, présentât au soleil les différentes parties de sa surface; partagée ainsi en différents climats, elle fournit à l'homme une variété infinie de productions.

La conséquence naturelle de ce fait, c'est que *Dieu, dans sa puissance, dans sa prévoyance, a voulu que les hommes établissent des relations commerciales d'après un système de* LIBRE ÉCHANGE; *que tous pussent jouir des beautés de la nature et des produits de la terre dans toute sa gloire, dans toute sa majesté; que pas un seul de ses enfants ne manquât du pain dont il a promis de les nourrir.*

A la République française est réservée la noble tâche de proclamer ce grand principe : LIBRE ÉCHANGE RÉCIPROQUE ! ! !

Le peuple des travailleurs respecte la propriété; malgré son juste mépris pour les êtres improductifs, il laisse rentiers et capitalistes en paisible jouissance de leur fortune : permettez au moins à ce peuple généreux d'échanger les produits de l'industrie contre le morceau de pain que lui présentent ses frères d'un autre autre pays qui regorge de tout ce qui manque ici. Cessez de faire payer à la nation les millions qui protègent l'exploitation du plus grand nombre par le plus petit.

Revenons aux principes de la révolution de 1789;

celle de 1830 n'avait profité qu'à la bourgeoisie. Liberté politique, liberté de conscience, liberté du commerce, ne furent pour le peuple travailleur que des acquisitions imaginaires, des mots illusoires, puisqu'à côté du *droit* il ne trouvait pas les moyens de l'exercer. Fournissez-les-lui donc aujourd'hui ces moyens, par la formation d'un premier capital puisé aux cinq sources qui ont été indiquées plus haut.

Classe aisée, *rentiers*, soyez généreux; SOYEZ PATRIOTES ! Ce qu'on vous demande n'est pas *une aumône*, mais un *acte de justice*, *d'équité*, puisque vous êtes membres de la grande famille ; votre intérêt seul vous crierait au besoin qu'il faut assurer la tranquillité intérieure, rendre impossible la guerre civile. Ne fermez pas l'oreille à des conseils désintéressés autant que sages.

En juillet 1830, le peuple se vengeait des deux invasions en chassant les princes qu'elles nous avaient ramenés ; l'année 1848 fait éclater une révolution purement sociale... Réorganisation du travail, voilà son mot d'ordre.

Mais cette réorganisation du travail, comment l'opérer? Par l'association au capital? c'est une utopie. La destruction, l'incendie des propriétés, sont une réalité, *un terrible avertissement*. Utopie, je le répète. Un industriel, un fabricant consentirait-il à mettre au jour le secret sur l'exploitation duquel repose sa modique fortune? D'autres, qui ont commencé avec *peu*, souvent même avec *rien*, les forcerez-vous à faire connaître aux ouvriers employés chez eux qu'ils sont pauvres, plus pauvres que ces ouvriers mêmes ? Comment conserveront-ils leur crédit si tout le monde est dans le secret de leur gêne, si chacun sait que ce que contient leur atelier ou leur fabrique, n'est pas leur propriété réelle ? L'ouvrier ne se refuserait-il pas *à courir une chance souvent douteuse, qui lui promettrait à peine la moitié du salaire qu'il aurait gagné dans les conditions actuelles ?* Lorsque arriverait l'échéance d'un billet auquel on ne pourrait faire honneur, ouvriers et patron se verraient à la merci d'un créancier peut-être impitoyable dont les poursuites pourraient causer la ruine de plusieurs familles à la fois. Si vous voulez, de gré ou de force, associer le travailleur au capital, que ce soit à M. de Rosthschild, j'y consens ; si c'est aux descendants d'Aguado, ceux-là sont déjà trop pauvres.

Que M. Emile de Girardin fasse une association de son capital avec les travaux mécaniques de ses ouvriers, je n'y vois d'autre inconvénient que celui-ci : M. de Girardin reste possesseur exclusif de son capital ; qu'il se retire, et *la Presse* tombe, car *la Presse* ne doit son succès qu'au talent de son fondateur ; qu'il meure, et sa feuille meurt avec lui. Pierre et Paul peuvent vendre son journal, et ils ne le vendront qu'autant qu'il écrira, qu'autant *qu'il écrira bien.* Tout homme non plus que tout écrivain n'a le don de plaire et de séduire de la même manière : n'est pas *Bolingbroke* ou *Byron* qui veut, *Raphael* ou *Michel-Ange*, *Napoléon* ou *Louis-Philippe*. Ce qui est du domaine de la pensée ne peut s'acheter avec de l'or ; ce qui n'est pas un corps saisissable ne peut trouver son application dans la pratique.

Personne n'ignore que dans toutes les professions, et

à plus forte raison sur les différents degrés de l'échelle sociale, on rencontre des capacités différentes. Par exemple, *un citoyen cocher de fiacre*, dont la mémoire heureuse retient les noms de toutes les rues d'une ville, dont le coup d'œil et la main excellent à conduire ses chevaux, ne saurait raisonnablement se considérer comme égal en capacité au *citoyen menuisier* qui est resté sept ans en apprentissage, non plus que celui-ci ne pourrait prétendre se mettre sur la même ligne que le *médecin* ou *l'homme de loi* qui a passé au moins dix années de sa vie à étudier, qui étudie encore tous les jours. Dans la nature on ne rencontre pas deux physionomies exactement semblables, ni deux intelligences identiquement les mêmes : les capacités sont tout aussi variées.

ÉGALITÉ, mot vide de sens ! il ne pourrait y avoir d'égalité réelle qu'entre des hommes doués à mesure égale des mêmes facultés morales et intellectuelles. Le citoyen qui consacre son temps et son intelligence à certaines occupations nocturnes, c'est-à-dire aux vidanges, n'a pas le loisir de méditer et de concevoir, comme J.-J. Rousseau, ou de composer des chants immortels, comme notre Béranger.

Rayez donc ce mot, *Égalité*, et remplacez-le par celui-ci : *Travail*.

Le problème de la réorganisation sociale par l'alliance du travail avec les capitaux, c'est celui de la pierre philosophale.

Cependant, la révolution ayant été faite par le peuple et pour le peuple, si l'on veut être conséquent avec soi-même il faut raisonner ainsi :

1° La royauté étant désormais impossible en France, le peuple, qui pendant plusieurs siècles a souffert des dilapidations et priviléges des rois et des courtisans, ne doit-il pas profiter des biens meubles et immeubles amassés à son détriment, tels que ceux de l'ancienne liste civile, du domaine privé, etc.? Dûment administrés par les ouvriers, ces biens formeraient, dans une quinzaine d'années d'ici, quelque chose comme 4 ou 5 milliards, sur lesquels le trésor public en aurait pour sa part recouvré 10. C'est une bagatelle !!!

2° La royauté constitutionnelle donnait bonne part du gâteau à une certaine classe de la société ; n'est-il pas juste que cette classe, engraissée par les abus, contribue dès à présent à l'amélioration du sort du peuple, soit par les talents, soit en lui ouvrant sa bourse, non pas à titre d'aumône, mais à titre de contribution spéciale ?

3° Lorsqu'il s'agissait de combattre l'Europe liguée contre la France, la Convention n'a pas commis une iniquité en rendant la loi de *l'emprunt forcé*. — Le gouvernement provisoire serait-il moins juste et moins sage en décrétant une contribution d'après les bases que j'ai exposées en commençant, lorsque le produit de cette contribution serait affecté aux besoins de cette multitude d'hommes honnêtes, laborieux, patients, mais mourants de faim, que nous voyons tous les jours se rassembler dans les cours du Luxembourg ? Qu'il se hâte de faire disparaître ce phénomène menaçant pour la France, inquiétant pour l'Europe, de deux gouvernements, l'un de la parole, l'autre de la force non organisée. Ce dernier, je le crains, finirait par argumenter à coups de sabre ou à coups de poignard contre des idées qu'il ne comprend pas et n'est guère en état de comprendre.

4° Dans un pays libre, l'armée n'est utile que pour repousser l'agression du dehors.

5° En tout temps la marine fut indispensable au commerce; que le commerce s'étende, et elle s'accroîtra en proportion des besoins.

6° La République n'a d'autres ennemis que les rois.

7° Aujourd'hui les rois ne peuvent plus faire la guerre sans l'appui moral des nations qu'ils gouvernent.

8° Si les rois veulent prendre les armes contre la France, les peuples paraîtront les seconder (si même ils portent la complaisance jusque-là); mais bientôt ces despotes insensés auront à s'en repentir : pris entre deux feux, ou plutôt serrés entre deux poitrines, celle de la nation française et celle de leur propre nation, ils seront broyés.

9° En l'absence de tout danger d'agression, l'armée nationale pourrait être mise à l'œuvre de la culture et du défrichement des terres, du reboisement des montagnes; par ce moyen l'*agriculture*, cette puissante mamelle de la France, serait remise en honneur; la France rentrerait en possession de la véritable gloire, de cette gloire que la Providence divine, ou, si l'on veut, la Nature et son climat si favorisé, lui ordonnent de poursuivre sans cesse. Les objets de première nécessité étant à bas prix, l'aisance succéderait au malaise, le superflu ferait disparaître l'indigence.

Peuple généreux, peuple des travailleurs, serrez vos

rangs pour le bonheur de tous en général, de chacun en particulier ! Soyez simple dans vos désirs, vous aurez des besoins moins nombreux, moins exigeants ; soyez vertueux comme l'ont été jadis les peuples de Sparte et de Rome ! Respectez les vieillards, protégez les femmes et les faibles, élevez les enfants dans l'amour de l'ordre, dans la soumission aux lois ; appuyé sur votre propre force, respectez la propriété particulière comme vous respectez la propriété nationale. Montrez-vous juste dans vos demandes, soutenez-le avec une noble fermeté. Repoussant l'iniquité, ne faites pas souffrir un innocent pour mille coupables. Administrez avec sagesse le capital créé à votre profit, il fructifiera entre vos mains, et l'Europe, le monde entier, paiera à la société des travailleurs un tribut d'estime et de respect.

Unis par les liens de la fraternité, ne formons plus qu'une grande famille occupée à convertir en jardins riants et productifs les vastes plaines de la France, les marécages en prairies, les landes en vignes ou en bois de futaie, la chaumière du cultivateur en une maison saine et commode, les routes presque impraticables en chaussées aplanies, les *casernes en fabriques*, le luxe en comfort ; en un mot, rendons-nous utiles les uns aux autres, et que notre dernière postérité puisse dire de nous :

> « Ci gît mon père et ma mère,
> « Fondateurs de la République française ;
> « Ils sont morts désintéressés, généreux,
> « Laborieux et bons,
> « Tels que Dieu les avait créés.

« Je remercie l'Être suprême de m'avoir fait naître

« Français, de m'avoir donné de tels parents. Libre, indé-
« pendant comme l'air et la pensée, heureux enfin... je me
« prosterne jusqu'à terre en bénissant la Providence qui
« m'a fait possesseur de tous ces biens par le travail. »

Payons ici un juste tribut d'admiration à ce citoyen qui, le 24 février 1848, ne pouvant percer la foule, entre par une fenêtre dans l'Hôtel de Ville ; il voit les nombreux salons de ce palais du peuple envahi par une foule immense, et se précipite dans la rue en s'écriant : « J'ai assez vécu ! « Vive la République ! » Trouverait-on dans toute l'antiquité un trait qui peigne d'une manière plus saisissante l'amour de la patrie ? Renoncer à ce qu'on a de plus cher, à la vie, dans un transport d'allégresse causé par le bonheur de ses compatriotes, c'était un héroïsme inconnu jusqu'ici. La joie peut rendre fou ; jamais elle n'a rendu méchant.

Salut et fraternité,

VICTOR W....F WINFORT.

Vive la République basée sur la Liberté, Travail et Fraternité.